Soft Matter

The original *Materia Blanda* was published in 2014 by Amargord Ediciones, Madrid, Spain, ©Lila Zemborain

Materia Blanda is part of the collected works *Matrix Lux. Poesía reunida: 1989-2019,* Editorial Bajo la Luna, Buenos Aires, 2019, ©Lila Zemborain

English translation, copyright © 2023, Christopher Winks

This edition, copyright © 2023, Quantum Prose, Inc.

Editorial Director
Marta del Pozo

Editorial Advisor
Gregg Harper

Editorial Designer
Vicente Sánchez

Book Images
Lila Zemborain

Author's Photo
Ezequiel Zaidenwerg

ISBN
978-0-9973014-7-2

Library of Congress Control Number
2022943465

Quantum Prose, Inc.
New York, NY

Soft Matter
Lila Zemborain

Translated by
Christopher Winks

Foreword by
Julio Espinosa Guerra

QUANTUM PROSE

CONTENTS

FOREWORD: TOUGH WRITING 9

1 17

2 61

3 105

4 149

NOTES 193
ACKNOWLEDGEMENTS 197

TOUGH WRITING

If there's something I miss in literary criticism – perhaps in all criticism – it is a greater attention to error as a productive category, that is, to interesting error, able to create tension in writing or open unsuspected doors, the failure that is worth less for how much it does or doesn't do as for how much it promises. Certain pages are failures, yes, but their failure is more fertile and astonishing than many so called successes: those poems, stories, and/or novels that limit themselves to cleverly reproducing what has already been done, what is already known, what has been well-worn to the point of tedium. It is true that those who conceive of writing as a branch of the decorative arts only have eyes for these types of "successes," since they are the only ones that can be judged according to so called objective criteria of evaluation: everything depends on whether the previous pattern, the rhetorical and formal schema associated since antiquity with such exercises, has been faithfully followed.

Jordi Doce, *Trial and Error*

I began reading Lila Zemborain's *Soft Matter* in complete ignorance. I read the first sections of the poem with pencil in hand, attentive to any lapse in rhythm or tone. Neither the author's bibliography, in the initial pages, nor the beautiful backcover blurb by my friend Roger Santiváñez served to deter mc from adopting a butcher's approach toward the text. And truth be told, I did manage to make a few precise cuts into the soft flesh, which offered no resistance to the scalpel. But at the same time I was making the cuts, which aimed to expose what I considered to be errors (words out of place, this or that unoriginal idea, poems that if shortened by half read better than as the unit the author intended them to be), something else, unnameable but present in the book, began to occupy my mind. Once I had finished the first quarter of the poem, I reflected that I was in the presence of a failed book: an extraordinary failure of a book.

I will now jump to the quote from Jordi Doce that forms the epigraph to this review, published in the first issue of the poetry review Heterogénea. For a long time now, whenever I read a book, I look for error. I am not referring to the gaffes in some of the sections of Materia blanda, but the creative error, the error that arises from wanting to go further, from that search that every artist must carry out and which permits them to display something that, if not innovative, is at least original, namely, written in a language of one's own. I looked for this in Zemborain's book, but I didn't find it initially. I found some poorly made drawings; I found some poorly made poems (I didn't consider them fragments yet). I made corrections the way the academically trained teacher corrects a student's cubist still lifes, without knowing that they are the germ of something different, a language that cannot be reached through comprehension, but through intuition, through the acceptance of a language that does not respond to one's expectations.

I became aware that the error was in all the fragments and came to understand that the poem's success arose from those errors. Rather, without those errors, the book would have been impossible, probably unthinkable. Because the author's quest does not correspond to the uses of language, but with language's possibilities of breaking with already existing discourses, and not on the level of thought as such, but on the level of intuition, of that which words carry but do not say, their white reverse, which stirs and moves more than it can be understood, and which are not present in the commonplaces of discourse, but rather in what Blanchot labeled "white writing", that writing of non writing, that discourse that underlies discourse and that not only corresponds with this poem's textuality, but with its theme: woven words that attack the pattern on the basis of form and depth, where the pattern equals comprehension.

At this moment we must pause once again, in order to make another reflection: Lila Zemborain's book is not just another book that attempts to write a book on the basis of a critique of discursive forms and the scope of words, or rather their impossibility to name. From time to time, a great many poets have merely repeated a discourse that established itself honestly in the panorama formed by books by authors who are still outside any canon, and that has accomplished little more than getting whitewashed by epigones insisting on proposing something different when in fact they are only indulging in textual gestures that have been accomplished, perfected, and superseded. No, Zemborain's is an honest, singular, and unrepeatable book, a book born from its own points of reference, possessing its own cardinal points and hence its own language; for that reason alone, its reading is less tractable, because whoever blazes new trails will always be looked upon with doubtful, skeptical eyes. Perhaps the place reached at the poem's end is a known one, but the route is different. And perhaps in art it is the route that is of most interest, because on that route the world is seen from another perspective, or better yet, the world becomes another world.

Julio Espinosa Guerra

New York 2011 - 2012

lllllllllllllllllllllllllllllllllllllllllllllllllll
lllllllllllllllllllllllllllllllllllllllllllllllllll
lllllllllllllllllllllllllllllllllllllllllllllllllll
lllllllllllllllllllllllllllllllllllllllllllllllllll
lllllllllllllllllllllllllllllllllllllllllllllllllll
lllllllllllllllllllllllllllllllllllllllllllllllllll
lllllllllllllllllllllllllllllllllllllllllllllllllll
lllllllllllllllllllllllllllllllllllllllllllllllllll
lllllllllllllllllllllllllllllllllllllllllllllllllll
lllllllllllllllllllllllllllllllllllllllllllllllllll
lllllllllllllllllllllllllllllllllllllllllllllllllll
lllllllllllllllllllllllllllllllllllllllllllllllllll
lllllllllllllllllllllllllllllllllllllllllllllllllll
lllllllllllllllllllllllllllllllllllllllllllllllllll
lllllllllllllllllllllllllllllllllllllllllllllllllll
lllllllllllllllllllllllllllllllllllllllllllllllllll
lllllllllllllllllllllllllllllllllllllllllllllllllll
lllllllllllllllllllllllllllllllllllllllllllllllllll

Stretched out on a bed is a body that doesn't want to die. It's a corpse, that is, it was. A neglected body, now weeping. Or it began weeping, all alone, without any ancient or fatal request. Night covers it, or the sheets. Sitting on its haunches, it doesn't want to omit, to subjunctivize its desire or bury it in metaphors. The body only stirs itself to establish this shaming circuit. In a state of askesis, to have been a succession of affirmative or negative sentences, without periods or commas, questions or exclamations. That's left for the verb. The body is the depositary of the unanimous. It develops in other folds, ribless. The flow of water isn't sufficient, nor is declamation or the wind's encirclements. What is concrete is a mass supported by a skeleton with a cranial cavity containing the ambience of the intangible in a squishy compact substance, odorless and painless. That's the paradox of the human. What inclines us to separate good from evil is an insensitive mass.

Hay un cuerpo repatingado en una cama que no quiere morir. Es un cadáver, es decir, lo era. Un cuerpo desatendido que ahora llora. O se ha puesto a llorar, solito, sin que hubiera una solicitación milenaria o fatal. La noche lo apaña, o las sábanas. Poniéndose de grupas no quiere omitir, no quiere subjuntivar su deseo, ni sepultarlo de metáforas. El cuerpo solo se anima a establecer ese circuito que lo averguenza. Haber sido en la ascesis un sucederse de oraciones afirmativas o negativas, sin puntos ni comas, sin preguntas o exclamaciones. Eso queda para el verbo. El cuerpo es el depositario de lo unánime. Se desenvuelve en otros pliegues, sin ligazón. El flujo del agua no es suficiente, ni la declamación, ni las circunvalaciones del viento. Lo concreto es una masa soportada por un esqueleto con una cavidad craneana que contiene el ámbito de lo intangible y lo tangible en una sustancia blanduzca y compacta, inodora e indolora. Esta es la paradoja de lo humano. Lo que nos inclina a separar entre el bien y el mal es una masa insensible.

Like awakening, like suddenly becoming aware that uselessness isn't one's own but the instantaneous burden of a gaze shielding the unfinished, that which can never be attributed to the iconic space of the I. A mere attribute of outlandish forms that train nothing, except when it punctures the nerve centers, improper growth of a profanation. Where shall we end up if not at the shelves crammed with cast-off clothing because the contents no longer exist but slide down the waves of an incontinent map. So let's take a trip to the riverbank where everything floats, lip-smacks, and bittersweetens. Let's transform nouns into verbs or simply walk slowly. Haste eliminates the possibility of pleasure. Such haste to leave or go towards the coast or reach a certain point. And why, if things are disposed like used tissues? The bits of mucus are there: green, fragrant, always transitory. From one side to the other. The abject in the open air. But the abject as gaze sublimates every meeting. Skiding down the hours in this atrocious glide. I hate you, say the eyes, in other words, I don't love you. And the brain assents like a cheerful doggie.

Como despertarse, como de repente darse cuenta de que la inutilidad no es lo propio sino la carga instantánea de una mirada que resguarda lo inconcluso, lo que nunca puede atribuirse al espacio icónico del yo. Simple atributo de formas estrambóticas que nada entrenan, más que al agujerearse de los centros nerviosos, crecimiento indebido de una profanación. Adónde iremos a parar sino a los estantes atestados de ropa desechada porque el contenido ya no existe sino que se resbala por las ondas de un mapa incontinente. Viajemos entonces a la rivera del río donde todo flota y se relame y se agridulza. Transformemos los sustantivos en verbos o simplemente caminemos sin apuro. El apuro es lo que elimina la posibilidad del placer. Tanto apuro por salir o por avanzar hacia la costa o por llegar a un cierto punto. ¿Y para qué si las cosas se desechan como pañuelos de papel? Las mucosas allí están, verdes, olorosas, transitorias siempre. De un lado a otro. Lo abyecto al aire libre. Pero lo abyecto siendo la mirada sublima todo encuentro. Derrapar las horas en este deslizamiento atroz. Te odio, dicen los ojos, es decir, no te quiero. Y el cerebro asiente como un perrito feliz.

I'd like to know the location of that place where everything's perfect. That anonymous place that appears whenever life imposes itself with a certain harshness. That space comes forward like a possibility of overcoming every sacrifice, every drama. It is there, palpable, present, inadequate and distant, a flying machine a hand's breadth away. It is this brain that creates it, this brain that traverses it, blocking the way with a spoonful of sweets in the throat. Flatter, cloy, suck that other which isn't what it ought to be. That other: an alien body. This hand isn't situated in the appropriate time. It certainly would like to go over to the other side. It would like to gain access to what is rendered useless by the presence of a shock. This means of locomotion is inadequate, a transitory space that leads nowhere. So what zone establishes it? What's its function? Modifying the cortex? Making it something else, flooding it with what would be possible? The furrow between the eyes indicates a trepanation, that is, an illusory distancing, that is, disillusion, that is, a toll paid to the other side of the mind. Bypassing bodies in this sleepless freeway will perhaps be the only possibility of bringing about the bestowal of the entry permit.

Quisiera saber dónde queda ese lugar donde todo es perfecto. Ese lugar anónimo que aparece siempre que la vida se interpone con cierta aspereza. Avanza ese espacio como una posibilidad de salvar todo sacrificio, todo drama. Está allí, palpable, presente, inadecuado y distante, una máquina voladora al alcance de la mano. Es este cerebro que lo crea, este cerebro que lo transita, interponiéndose con una cucharada de dulce en la garganta. Halaga, empalaga, succiona eso otro que no es lo que debiera. Eso otro que es un cuerpo ajeno. Esta mano no se ubica en el tiempo que le corresponde. Quisiera sí pasar del otro lado. Quisiera acceder a lo que inutiliza la presencia brutal de una conmoción. Este medio de locomoción es inadecuado, un espacio transitorio que no lleva a ninguna parte. ¿Qué zona entonces lo dictamina? ¿Cuál es su función? ¿Alterar la corteza? ¿Hacerla otra, inundarla de lo que fuera posible? La arruga entre los ojos indica una trepanación, es decir, un alejamiento ilusorio, es decir, una desilusión, es decir, un peaje al otro lado de la mente. Circunvalar los cuerpos en esta autopista insomne será tal vez la única posibilidad de redituar la entrega del pase.

What accelerates the symptom is also a severe retraction. A confinement in that illegal zone called storage. It's located on the ground of the third ventricle, in the hypothalamus. A landscape of whitish matter, attributed to the gathering of fruits in the prehistoric era. The more fruits gathered, the greater the proportion of the exclusion zone. Now, once these fruits were consumed, or robbed, or devastated by a climatic disaster of major proportions, the area responds by throwing into imbalance certain organs that determine sleep. This shrinkage generates a vital anguish. What is at stake is survival. The brain then sends its salvific signals, retracting in order to lower the muscular tone, conserving energies, innervating the zones that reduce consumption, hibernating to a degree. Although sleep is not joyful, the body maintains its signs. Sometimes drops of water fall from the eyes, as if to recall the constant movement of leaves or the grunts of games. In this way a route is assimilated, the proof of a systematic passage from diurnal to nocturnal.

Es también una retracción severa la que acelera el síntoma. Un recluirse en esa zona indebida llamada almacenaje. Esta se ubica en el suelo del tercer ventrículo, en el hipotálamo. Un paisaje ilusorio de materia blanquecina, atribuido a la recolección de frutos en la era prehistórica. Cuantos más frutos se recogen mayor es la proporción de la zona de exclusión. Ahora bien, una vez que esos frutos fueron consumidos, o robados, o devastados por un desastre climático de proporciones considerables, el área responde con la descompensación de ciertos órganos que dictaminan el sueño. Ese encogimiento genera una angustia vital. Lo que está en juego es la supervivencia. Entonces el cerebro envía sus señales salvadoras, replegarse para bajar el tono muscular, ahorrar energías, inervar las zonas que reducen el consumo, de alguna manera hibernar. Aunque el sueño no sea gozoso, el cuerpo mantiene sus signos. A veces gotas de agua se despeñan de los ojos, como si recordaran el movimiento constante de las hojas o los gruñidos del juego. De esta forma se asimila un recorrido, la demostración de un sistemático transcurso de lo diurno a lo nocturno.

Center of meditation: a square, the place to settle into in order to annul what's been seen or said or the preoccupation of being, in this space, all decentered bifurcations. To want or not want the clouds floating in the sky, the thoughts coming and going from this entity that propagates itself in abstruse or distorted sensations. I'm that, those declensions of the mind that does not incline to nothingness because nothingness would be the inevitable. Reward, redirect, frame oneself in this meditative square. Is it possible to pacify matter without the demonstration being merely a project? The sneeze moves forward and somewhere the brain branches out. Somewhere the fingers begin to gain independence in the face of the blindness that implies a keyboard and shut eyes. Shut one's eyes to this trust. Follow the condition the mind provides. Decompress the zone that says nothing other than the splendor of opacity, these lights that tend to decompose beyond good and evil. Attach to the square this matter of time, without accents, without preoccupations. Enclose oneself in a limitless space. Then sit down in front of the flarings of the self.

Centro de meditación es un cuadrado, el lugar para instalarse a rescindir lo que se ha visto o dicho o la preocupación de ser en ese espacio todas las bifurcaciones descentradas. Querer o no querer las nubes flotando en el celeste, los pensamientos que van y vienen de ese ente que a sí mismo se propaga en sensaciones abstrusas o tergiversadas. Eso soy, esas declinaciones de la mente que no se inclina hacia la nada porque la nada sería lo inevitable. Recompensar, redirigir, encuadrarse en este cuadrado meditativo. ¿Es posible que la materia se apacigue sin que la demostración sea simplemente un proyecto? Avanza el estornudo y el cerebro en algún lugar se ramifica. En algún lugar los dedos empiezan a independizarse ante la ceguera que implica un teclado y los ojos cerrados. Cerrar los ojos a esa confianza. Seguir el estado que la mente suministra. Descomprimir la zona que nada dice sino el resplandor de lo opaco, esas luces que tienden a descomponerse mas allá del bien y del mal. Anexar al cuadrado esta cuestión del tiempo, sin acentos, sin preocupaciones. Encerrarse en un espacio sin límites. Sentarse entonces ante las fulguraciones del yo.

Hanging from a thread, instantaneously, floating in this peerless space, eyes closed over the keys, time present in the breathing that is also an insomniac thread, a thread that doesn't break, which goes from one side to the other keeping a rhythm, the rhythm of the spheres according to the mathematician. Pythagorizing breath is in a certain sense to measure it, to be in contact with it, in the actions surrounding an identity diluted among so many orders and wastelands intermittently expanding in a fleeting, confused to-and-fro. Oh yes, the thread. When the thread momentarily maintains its proper balance, how momentary the void, how fragile and indecipherable it is when nothingness rises and desiring to swim in it like a motor automatically executing its movements, without sound or sense, following its impulses in the water with no distance greater than the course. To dwell now in this dreamless drowsiness, to be alive here, being gentle. Gentleness is a virtue I'm unaware of. Soft, *suave*, gentle is the word. I know the hardness that wants to soften, like the brain that sometimes wrinkles its contours so a wild energy can seize hold of the organs.

Es pender de un hilo, instantáneamente, fluctuando en ese espacio sin igual, los ojos cerrados en las teclas, tiempo presente en la respiración que también es un hilo insomne, un hilo que no se quiebra, que va de un lado al otro manteniendo un ritmo, el de las esferas según el matemático. Pitagorizar la respiración es en algún sentido medirla, estar en contacto con ella, en los actos que circundan la identidad diluida entre tantas órdenes y andurriales que se expanden intermitentemente en un ir y venir fugaz y confuso. Ah pero el hilo. Cuando el hilo se mantiene un instante en su justo equilibrio, qué instantáneo es el vacío, qué frágil e indescifrable asomar de la nada en la que se desea nadar como un motor que ejecuta sus movimientos automáticamente, sin voz ni tenor, siguiendo sus impulso en el agua sin distancia mayor que el recorrido. Estar ahora en esa somnolencia sin sueños, estar viva allí, siendo gentil. La gentileza es una virtud que desconozco. Gentil, suave, *gentle* es la palabra. Conozco la dureza que desea ablandarse, como el cerebro que a veces frunce sus contornos para que una energía salvaje se apodere de los órganos.

Every right triangle fits a certain number of squares, according to the mathematician's proof, but every brain fits millions and millions of compressed neurons, who knows in what form. Intrinsically, that's all we know in order to reason out the mind that in turn can deduce the proofs of a theorem. The cerebral cortex reveals in its layers the stimuli coming from the exterior and here the responses are processed that are directed elsewhere. Whether the notions of time and space can fit into a square is impossible to determine. But what is even more mysterious is that in the six millimetrical layers covering the brain, consciousness should be engendered. Some call it god, today they call it quantum mechanics or the phenomenon of transduction. I call it removal, or at least that's what they've called it. The oscillation occurring in the cortex is what separates us from the ape. Not the cortex in itself, we share that with the fishes. It could be that we don't have the ability to name it. Intuition, unconscious, eyes opened, the night of times. You and I in this unprecedented square where, as with seashells, the dissonances that fill our hours resound.

En todo triángulo rectángulo entran cierta cantidad de cuadrados según la demostración del matemático, pero en todo cerebro entran millones y millones de neuronas comprimidas quién sabe de qué forma. Intrínsecamente es todo lo que sabemos para razonar la mente que puede deducir a su vez las demostraciones de un teorema. La corteza cerebral transluce en sus capas los estímulos que vienen del exterior y allí se procesan las respuestas que se dirigen a otras partes. Que en un cuadrado entren las nociones de tiempo y espacio es imposible de determinar. Pero que en las seis capas milimétricas que cubren el cerebro se produzca la conciencia es aún mas misterioso. Algunos lo llamaron dios, hoy lo llaman mecánica cuántica o fenómeno de transducción. Yo lo llamo descuelgue, o así lo han llamado ellos. Es la oscilación que se produce en la corteza lo que nos separa del mono. No la corteza en sí que compartimos con los peces. Será que todavía no tenemos la capacidad para nombrarla. Intuición, inconsciente, ojos abiertos, la noche de los tiempos. Vos y yo en este cuadrado inaudito en donde resuenan, así como en los caracoles, las disonancias que nos llenan las horas.

Faces, traces, broken seashells entangle the wall with fluxes and refluxes, turns and returns, untangling what would be the remainders of knowledge. Thus the brain's seclusion, in this position, does not even admit the conflicting forms of an attachment. When shall we know, when shall we come to understand what the cortex examines in us. To stay gazing at a space of divergence, where once there was random matter. Matter now void, what it was we thought compact. How then understand what underlies two bodies? For sure, let's love what survives us because what does not is definitely a waste product. Let's coralize pain, let it become concrete matter of a roseate color. The moon does not stain the surfaces just so that resonance would be a misunderstanding. Circumstances indicate that fate is not insignificant. Careful with the skins that tell you otherwise. Eating is not the same as being eaten. Nor is it the same that teeth devour you for the same reason they adorn you. Slurping would be the answer to so much decanting of shells and mollusks. Let the salty solution in your mouth be sustenance.

Rostros, rastros, rotos caracoles enredan la pared de flujos y reflujos, vueltas y revueltas, desenredando lo que fueran los restos del saber. Recogimiento del cerebro así, en esta posición, que no admite ni siquiera las formas encontradas de un apego. Cuándo lo sabremos, cuándo vendremos a entender lo que nos ausculta la corteza. Quedarse mirando el espacio de entredichos en lo que fuera entonces una materia casual. Vacía está ahora la materia, aquello que creíamos compacto. ¿Cómo entonces entender lo que subyace entre dos cuerpos? Amemos, eso sí, lo que nos sobrevive porque lo otro definitivamente es un desecho. Coralicemos el dolor, que se torne materia concreta de color rosáceo. La luna no mancha las superficies sólo para que la resonancia sea un malentendido. Las circunstancias señalan que el destino no es intrascendente. Ojo con las pieles que te dicen otra cosa. No es lo mismo comer que ser comido. No es lo mismo que los dientes te devoren por la misma razón que te decoran. Aspirar sería la respuesta a tanta decantación de conchas y moluscos. Que la disolución salada en tu boca, sustento sea.

If we conclude that it's somewhat unknown it's no longer amusing. What are amusing are the waves accelerating when nothing counts. Brain subsumed in the softness of the eyes. Maintenance of the skin sustained by the organic. Two scientists speaking of horizons and everything loses footing. The universe is finite, they say, what happens is that we can't see it. Who would know of this edge? Not me. I know nothing. The interchange of concepts causes meaning to be what weighs us down. Not even this can be translated. Is language this traversal? Subsidizing ignorance is the beauty of the image. An incipient skidding down the walls of the square. Nothing beyond. Everything closer. Clean, impassable edges, you'd say they were made of plaster, to captivate what reason or training doesn't let you savor. So the mind surrounds itself with once-subjunctive nostalgias. Potential is the future, dexterity the past. If there is a transducer between potential and dexterity, the syringe would be the only heroin. Lowkwayshuses okacebing ochabeches wkh hv tbe rslvd. Waiting surrounds night with foam. This bubbling will perhaps be the justification of every continent.

Si hay que concluir que es algo ignoto ya no tiene gracia. Gracia tiene que las ondas se aceleren cuando nada cuenta. Cerebro subsumido en la blandura de los ojos. Sustentación de piel que lo orgánico sostiene. Dos científicos hablando de horizontes y todo pierde pie. El universo es finito dicen, lo que pasa es que no lo podemos ver. ¿Quién supiera de ese borde? Yo no. Yo nada sé. El intercambio de conceptos hace que el sentido sea lo que abruma. Ni siquiera eso puede traducirse. ¿Es el idioma esta travesía? Subsidiando la ignorancia está la belleza de la imagen. Un incipiente derrapar por las paredes del cuadrado. Más allá nada. Más acá todo. Bordes limpios, intransitables, diríanse de yeso, para cautivar lo que la razón o el adiestramiento no te dejan saborear. Se rodea entonces la mente de nostalgias que antes fueran subjuntivas. El potencial es el futuro, la destreza lo pasado. Si entre el potencial y la destreza hay un transductor, la jeringa sería la única heroína. Locuacesim okacebam ocuabecuas qye gat qye resikver. La espera circunda la noche de espuma. Ese borbotear será tal vez la justificación de todo continente.

Transit is the form of wanting to transport oneself towards a zone that in itself is already unsafe, distance being the impression of the movement advancing from left to right, as is here this irradiation of whirling sounds that lead to a sliding along love's smooth surface. That's what I desire today. I'm sure that poison is something else which nobody claims to represent. We shall go together towards the pathetic shore that ensures the gradient. We shall converge in this direction on the sand that defers everything in the conviction that it is possible, that this impasse is not implacable. We don't want to succumb, say the molecules. And thus the body restores its condition of broom. A monk sweeping sorrows with his unusual prayer card. How happy we'll be when the cenacle impresses surprise on our mouths. So heaven knows why this crank rushes forward with the speed of a race car. If it were the case that the nerves heated up with the murmur of the instincts, we would swim in the pale tensions of softness, indiscriminately compressing in our arms the intention of rejection. Patiently and without wanting to, the eyes observe without any pity.

El tránsito es el modo de querer transportarse hacia una zona que es ya de por sí insegura, siendo la distancia la impresión del movimiento que avanza de izquierda a derecha, como lo es aquí esta irradiación de sonidos giratorios que conducen a un deslizarse en la superficie lisa del amor. Esto es lo que deseo hoy. Estoy segura que es el veneno otra cosa, lo que nadie pretende figurar. Iremos juntos hacia la patética orilla que asegura el declive. Convergeremos en ese sentido en la arena que todo lo difiere con la convicción de que es posible, que esta cerrazón no sea implacable. No queremos sucumbir, dicen las moléculas. Y así el cuerpo restituye su condición de escoba. Un monje barriendo los pesares con su estampa insólita. Qué felices seremos cuando el cenáculo imprima la sorpresa en nuestras bocas. A santo de qué entonces todo esta manivela que se abalanza con la velocidad de un bólido. Si fuera que los nervios se templaran con el rumor de los instintos, nadaríamos en las pálidas tensiones de lo blando, indiscriminadamente, comprimiendo en nuestros brazos la intención del rechazo. Sin quererlo y con paciencia los ojos observan sin piedad alguna.

There is something rotting in these edges. There is something containing what must be said on these edges. It's this desire for softness, for muffling these edges. Let the edges not be precise, let the accumulation of goodness begin to be only splendor. Then it would be the arduous line of your eyes that invents a succession of caresses. Then it would be that lassitude becomes necessary. Consequently, extending the lines, to become unraveled, to unravel becoming. Being of dawn, or of wind, or of the inscrutable roaming of the plains, besting the delay imprinted against all irrigation. But the edges resist. The keyboard negates what the will reasons. It is not possible for the lines to spill over, to acquire a crazy asymmetry in what must be framed in this fixation. Everything must respond to the precise limits of the cranium. Not a millimeter more, not a millimeter less, so that the murmur may stick out its nose. Fear does not mend it, rather a will to be amidst the stones, a dip that lets the involuntary descent of a river shine through. Instead of desiring, making this landscape of undulating hills be the gratifying invasion of the eyes. Moist grass in the dark soil where bodies settle.

Hay algo que se pudre en estos bordes. Hay algo que contiene lo que debe ser dicho en estos bordes. Es este deseo de blandura, de amortiguar los bordes. Que los bordes no sean precisos, que la acumulación de bondades comience a ser sólo esplendor. Sería entonces la línea ardua de tus ojos la que inventara un sucederse de caricias. Sería entonces que la lasitud fuera necesaria. Por consiguiente, extender las líneas, salir de madre, de madre salir, ser de aurora, o de viento, o del inescrutable vagar de los campos, vencer la demora que se imprime contra toda irrigación. Pero los bordes se resisten. El teclado niega lo que la voluntad razona. No es posible que las líneas se desborden, que adquiera una loca asimetría lo que debe ser encuadrado en esta fijación. Todo debe responderse a los límites precisos del cráneo. Ni un milímetro más, ni un milímetro menos, para que el rumor asome sus narices. El miedo no lo apaña, más bien una voluntad de ser entre las piedras una hondonada que deja traslucir el descenso involuntario de un río. En lugar de desear, hacer que ese paisaje de onduladas lomas sea la invasión gratificante de los ojos. Pasto húmedo en el humus donde los cuerpos se acomodan.

The cerebral mass pulls towards a side and the leg hurts. That's how the heart hurts as it incessantly beats for that love of survival that was the act of birth. If at the very least bodies could be capable of recognizing that in this expression subsists the eloquence of affection. However this is not the way emotions readjust by generating this insomniac square. Bodies adjust to tears and laughter without too much thought. But what constitutes challenge is action in itself. Given that motivation is mental. What would be the motivation for being born. There is none. What would be the motivation for dying. There is none. There is simply this lapse framed in certain conditions. A breakdown of circuits attributing their remains to a palpitation. Hunger in itself does not tolerate starvation. The desired body desiring to live. The mother is therefore that concept that does not exist: to be the depositary of a restructuring of goods. How does this mother articulate herself in the brain beyond all condition? We shall know that her action is expelling. But we shall also know that her expression is conceding so that time and distance between bodies may be a suitable mess.

Tira la masa cerebral hacia un costado y la pierna duele. Duele así el corazón que late sin cesar por ese amor a la supervivencia que fue el acto de nacer. Siquiera los cuerpos fueran capaces de reconocer que en esa expresión subyace la elocuencia del afecto. No es así sin embargo como las emociones se acomodan generando este cuadro insomne. Los cuerpos se acomodan a la risa y al llanto sin demasiado pensamiento. Pero es la acción en sí lo que constituye el desafío. Puesto que la motivación es mental. Cuál fuera la motivación de nacer. No la hay. Cuál fuera la motivación de morir. No la hay. Hay simplemente este lapso encuadrado en ciertas condiciones. Un desatarse de circuitos que atribuyen sus restos a una palpitación. El hambre en sí no tolera la inanición. El cuerpo deseado que desea vivir. La madre es entonces ese concepto que no existe: ser la depositaria de una reestructuración de bienes. ¿Cómo se articula esa madre en el cerebro más allá de toda condición? Sabremos que su acción es expeler. Pero también sabremos que su expresión es contemporizar para que el tiempo y la distancia entre los cuerpos sea un entrevero acomodado.

However experience is not like this. Examining the whole, the detail says there's no exit in those limits. If rain descends in order for the grass to grow and for the cows to eat and for us to eat incarnate grass, what will we turn into? Does this even matter? The present fact matters, the minimal component of eloquence in this zeal to disseminate all of it to the edges. But this voice is incapable of being more than a call from the waters' beyond. It could be that children are equally incapable of keeping their promises. Then anger settles in and the mind defends itself from what it cannot process, like the wind unleashed in the plains sweeping away everything in its path. It would then be the undertaking of the brain capable of recognizing that another contexture was there. What articulates the whole is nothing more than a gaze. The motivation, the motive beyond facts is unknown. Though it can be guessed. Or invented. Or pretended to be certain. Or a lie. Or a concatenation of entwined forms. The mother is the whole per cent. The whole to be sensed. The lucubration of a sound scattered through flesh.

No es así sin embargo la experiencia. Auscultando el todo el detalle dice que no hay salida en estos límites. Si la lluvia se despeña para que el pasto crezca y las vacas coman y nosotros comamos pasto encarnado ¿en qué devendremos nosotros? ¿Importa acaso? Importa el hecho actual, el componente mínimo de elocuencia en este afán de diseminarlo todo hacia los bordes. Pero no es capaz esta voz de ser más que un llamado desde el más allá de las aguas. Será que los hijos tampoco son capaces de cumplir con las promesas. Entonces la ira se instala y la mente se defiende de lo que no puede procesar, como el viento que se desata en las llanuras arrasando con todo lo que encuentra a su paso. Sería entonces el conato del cerebro capaz de reconocer que hubo allí otra contexta. Es nada más que una mirada lo que articula el todo. La motivación, el motivo más allá de los hechos se desconoce. Aunque se puede adivinar. O inventar. O fingir que ha sido cierto. O una mentira. O una concatenación de formas enlazadas. La madre es el todo por ciento. El todo por sentir. La elucubración de un sonido que se esparce por la carne.

I don't know whether this is the structure that corresponds to the ages, but it's the only one that adapts to a way of being. And so everything transpires in a coming-and-going that is foreign and grandiloquent, meek and mild, and age, or the expectations of what is, in this voracious nomenclature, circumstance, which will always be somehow adverse or sometimes friendly. Thank God love exists, if not, everything would be an atrocious devouring, though maybe it is, ingesting the other in a benevolent or cruel manner, without any anecdotal and insistent middle ground. The edge between bodies exists and it's real. Everything that goes beyond its limit invades the other's limit, their permeability. But in turn, in order for the form to maintain itself, the equilibrium must be dynamic. The margins are minimal, a certain degree of temperature, a certain level of pressure, the elasticity of tissue, the level of light and dark, the tolerance of a certain volume, the ravages of the aromatic or repulsive in this organism which is what gives power to the self's outbursts, its overflows. The mind is an overflowing of the body, capable of acknowledging that it knows what goes on in this rank of compression.

No sé si es esta la estructura que corresponde a las épocas, pero es la única que se adapta a un modo de ser. Y así todo transcurre en un ir y venir ajeno y grandilocuente, suave y manso, y la edad, o las expectativas de lo que es en esta nomenclatura voraz la circunstancia, que siempre será de alguna manera adversa o a veces amable. Gracias a dios que existe el amor, si no todo sería una devoración atroz, aunque tal vez lo sea, ingerir al otro de una manera benévola o cruel, sin término medio anecdótico e insistente. El borde entre los cuerpos existe y es real. Todo lo que se sobrepasa de su límite invade el límite del otro, su permeabilidad. Pero a su vez, para que la forma se mantenga hace falta que el equilibrio sea dinámico. Los márgenes son mínimos, un cierto grado de temperatura, cierto nivel de presión, la elasticidad de los tejidos, el nivel de claridad u oscuridad, la tolerancia de cierto volumen, los estragos de lo aromático o lo repugnante en ese organismo que es el que da el poder a los exabruptos del yo, a sus desbordes. Es un desborde del cuerpo la mente, capaz de reconocer que sabe lo que en ese rango de compresión sucede.

It isn't exactly what an emotion is that concerns us; it's the mother, the father, the organism in its extending toward the beyond. It's the mood that flowers when the dilations change their level, the absolute complaining, the obsolete sense of love's unforgettable magma, which is in turn its loss. Loss of the body is the magnitude of the sea, the finding of the space that succumbs to the unrestrained reality of being the skin that caresses. There's a body, but this body is the longitude of its contact. Without this body, matter fades, the emanation that consists of being voice fades, this kindness the brain dignifies and snatches away into solid, retained tumults. Let's agree on that. The cry is not what is known. The cry is what suddenly announces itself, the confirmation of a departure, the permeability of which this absence is the subjugation, that is, the yoke. To contain oneself is to cast asunder the impulse which blooms in the skin. Before action reaches consciousness, the skin already establishes that the brain has understood its inevitable loss, as well as its atrocious capacity to forget. Waves calm tenderness. They also calm this tidiness of thought.

No es exactamente lo que es una emoción lo que interesa, es la madre, es el padre, el organismo en su extenderse al más allá. Es el ánimo que aflora cuando las dilataciones cambian de nivel, el absoluto quejarse, el obsoleto sentir del magma inolvidable del amor, que es a su vez su pérdida. Pérdida del cuerpo es la magnitud del mar, el hallazgo del espacio que sucumbe ante la irrefrenable realidad de ser la piel lo que acaricia. Hay un cuerpo, pero ese cuerpo es la longitud de su contacto. Sin ese cuerpo la materia se esfuma, se esfuma la emanación que consiste en ser la voz, esa amabilidad que el cerebro dignifica y arrebata en sólidos estruendos retenidos. Avengamos a eso. El llanto no es lo que se sabe. El llanto es lo que se anuncia de repente, la constatación de una partida, la permeabilidad de que esa ausencia es la subyugación, es decir, el yugo. Contenerse es abismar el impulso que arremete a flor de piel. Antes de que la acción llegue a la conciencia, la piel ya dictamina que el cerebro había comprendido su inevitable pérdida, también su atroz capacidad para olvidar. Las ondas aquietan la ternura. Aquietan también esta pulcritud del pensamiento.

I already told you not to come. I already told you that the matter of eyes was radiance. If everything comes together it's because silence delimits its surroundings. Let's speak of the wind or water but not of what provides the desired effect. Not even the ambidextrous burying of bodies has an accurate precision. It was life. Now they're the predicaments of an anonymous phagocytosis. It was life. Now what counts are abstruse projections. What was life? What was it? The mind is disturbing. The mind minds itself and doesn't feel like predicting what has been, what will be, so that survival may be fertile. Unmasking the claw that aims at the stinking splendor of blood. At the same time unraveling a sanctified composition that obstructs words. If it weren't for that, fable would be impossible. Every fabulation is a dream said the blind man. But how he suffered solitude. You could tell from his sublimated accents. In his lips parched with such demented germination. In the cunning symmetry between a confused habitat and the anonymous glimmer of certain mirror cells there is the recovery of a yearning that if it were inappropriate would not bear the murmur that animates actions.

Ya te dije que no vinieras. Ya te dije que la materia de los ojos era un esplendor. Si todo se junta es por que el silencio acota sus contornos. Hablemos del viento o de las aguas pero no de lo que surte el efecto deseado. Ni siquiera el ambidiestro soterrar de los cuerpos es de una precisión certera. Era la vida. Ahora son los predicamentos de un fagocitar anónimo. Era la vida. Ahora son las proyecciones abstrusas lo que cuentan. ¿Qué era la vida? ¿Qué lo era? Es que la mente es inquietante. Es que la mente se lamenta y no se anima a predecir lo que fue, lo que será, para que la supervivencia sea feraz. Desenmascarar la garra que apuntala el resplandor hediondo de la sangre. A la vez desentrañar una contextura santificada que entorpece las palabras. Si no fuera por ella, la fábula sería imposible. Toda fabulación es un sueño dijo el ciego. Pero cómo sufrió él la soledad. Se nota en sus acentos sublimados. En sus labios resecos de tanta germinación demente. En la astuta simetría entre un habitat confuso y el destello anónimo de ciertas células espejo está la recuperación de un ansia que si fuera improcedente no daría el rumor que anima las acciones.

When the void is made of cotton, the brain is that inadequate form of pulsations, a coming-and-going of flat resonances, constant sounds fading into the auditory canal, shallow perception of certain attributes, like the instantaneous descent to a certain gravity that determines the sensation of the horizon. Keeping the eyes on the level of this imaginary line is what gives the capacity of keeping balance. Equanimity is stretching oneself into a certain persistence. If the eyes are others or stagnate downwards, penetration is impure or deceitful, a failure that instigates a certain uneasiness. True it's true, truly aligned, that nothing can be said without mind. A comma isn't a coma. A comma is the virtue of stopping to think about this pause, a coma, however, is a pause without return, an open mouth that emits no sound. If the self lashes out against the body, life as such disappears, not its functions. I am what the brain allows me. No more, no less. But how to demarcate what produces from what effort dictates? How to upend the links that in short will be the sporadic dilation of love, this virtual nomenclature of indecisive acts?

Cuando el vacío es de algodón, el cerebro es esta forma inadecuada de pulsiones, un ir y venir de resonancias planas, sonidos constantes que se difuminan en el conducto auditivo, percepción somera de ciertos atributos, como el descenso instantáneo a una cierta gravedad que determina la sensación del horizonte. Sostener los ojos a nivel de esa línea imaginaria es lo que da la capacidad de mantener el equilibrio. La ecuanimidad es distenderse en cierta persistencia. Si los ojos son otros o se estancan hacia abajo la penetración es impura o mentirosa, un fracaso que instiga una cierta desazón. Cierto es cierta, ciertamente, que nada se dirá sino con mente. La coma no es el coma. La coma es la virtud de detenerse a pensar en esta pausa, el coma en cambio es una pausa sin retorno, una boca abierta que ningún sonido emite. Si el yo arremete contra el cuerpo, la vida como tal desaparece, no la función. Soy lo que el cerebro me permite. Ni más ni menos. Pero ¿como deslindar lo que produce de lo que el esfuerzo dictamina? ¿Cómo volcar los nexos que en definitiva serán la esporádica dilatación del amor, esa virtual nomenclatura de actos indecisos?

I count on the tireless precision of words. How much imprecision is needed to envelop a thought? Nothing remains here of what I notice, if not what stuns in this infusion of hinges. Detonation of the sensitive is language, this shuffling of sentiments. Cruel aid emanating from an instantaneous, efficient sequence. Passing greetings, squanderig, misfortune of circles. The tacit becoming of slips is extracted from convolutions, as is the conceited tuning that also surrounds it. There's no weeping to reach grandly. No yolk, no flame, no reed, no prescribed dusk. The instinct is secular, the seizure of power traversing song is secular. It's framed like a condom. Lest the barren circumstance bloom as origin, two and four are the verses that frightened the angels, two and four the moon that without being red condenses into blood. A rudiment of the brain is this commemoration of speech, at the same time as this bellowing that astonishes in the irreversible night. The seizure of power is profiled in the plot of the eyes that don't succeed in understanding what the sobriety of touch with such exactness has already predicted.

Cuento con la incansable precisión de las palabras. ¿Cuánta imprecisión se necesita para envolver un pensamiento? Nada queda aquí de lo que advierto, si no en este insuflar de goznes lo que aturde. Detonación de lo sensible es el lenguaje, este barajar de sentimientos. Auxilio cruel que emana de un sucederse instantáneo y eficiente. Salutación fugaz, derroche, desventura de los círculos. De las circunvalaciones se extrae el tácito devenir de los deslices, la vanidosa sintonía que además circunda. No hay llanto al que acudir grandioso. No hay yema, ni llama, ni caña, ni atardecer prescripto. Secular es el instinto, secular la toma de poder que atraviesa el canto. Encuadrado está como un preservativo. Para que no aflore la yerma tesitura que podría ser origen, dos y cuatro son los versos que atemorizaron a los ángeles, dos y cuatro la luna que sin ser roja se condensa en sangre. Rudimento del cerebro es esta conmemoración del habla, a la vez este mugido que asombra en la noche irreversible. La toma de poder se perfila en la trama de los ojos que no aciertan a entender lo que la sobriedad del tacto con tanta exactitud ya había predicho.

Deforest the whole. De forest without doubts or acrobatics. Thus one tires of saying what accumulates in shadows. Neither love, nor hate, nor aqueducts, nor poisons, nor strychnine, nor sudden plunge into the abyss.

Transducer is desire. Transducer of what? When the bird lets itself be eaten it's because the fog is empty. When anxiety nourishes itself on voices it's because it has to turn back.

The soul is empty, that is, filled with bodies. The soul is not. The soul is not. The soul is not. Torpor of eyes, yes indeed. Nerve releave. Dilations.

Increase of retinal vibrations, domestication of touch. Extensive scrutiny of hormonal interchanges. Fragrant and stubborn interruptions.

Desforestar el todo. Des forestar sin dudas ni acrobacias. Así se cansa de decir lo que acumula en sombras. Ni amor, ni odio, ni acueductos, ni venenos, ni estricnina, ni súbito arrojarse hacia el abismo.
Transductor es el deseo. ¿Transductor de qué? Cuando el ave se deja comer es porque la niebla está vacía. Cuando el ansia se alimenta de voces es que hay que retroceder.
Vacía está el alma, es decir, llena de cuerpos. El alma no hay. El alma no hay. El alma no hay. Sopor de ojos, eso sí. Distensión de nervios. Dilataciones.
Aumento de las vibraciones retinianas, domesticación del tacto. Escrutinio extenso de los intercambios hormonales. Interrupciones olorosas y tercas.

The inner square can only be seen from one of its rectangular angles. If not, the square appears deviant, irregular, incomplete. To reach this central square, where water falls towards the infinity of a hole whose depth we can never visualize except from a perpendicularly elevated position, the sense of touch must be located in the hollows of names whose forms no longer exist. It is this tactile journey that imprints the consciousness of disappearance. It is also the water falling in its beauty of momentary lines that reproduces the singularity of the event. Here, earth joins with its form, inspired by a god that cannot be discerned from any side. There are thus abstract predicaments: this ditch is square, it requires angles and triangulations so that the nature of shadows and light may infiltrate this voracious hollow. If the body's presence submits to this instantaneous fluid, it is because the air it produces blends with the void that circulates enclosed within certain limits. We then come closer to these edges from outside since the access to this abyss would imply having lost the form that keeps us alive.

Únicamente puede verse el cuadrado interior desde uno de sus ángulos rectángulos. Si no el cuadrado aparece desviado, inconforme, incompleto. Para llegar a ese cuadrado central, donde el agua cae hacia el infinito de un pozo cuyo fondo nunca podremos visualizar sino desde una postura perpendicularmente elevada, hay que localizar el sentido del tacto en los huecos de los nombres cuyas formas ya no existen. Es este recorrido táctil el que imprime la conciencia de la desaparición. Es también la caída del agua en su belleza de líneas momentáneas la que reproduce la singularidad del evento. Allí, la tierra se junta con su forma, inspirada por un dios que no se llega a divisar desde ningún lado. Hay entonces predicamentos abstractos: esa fosa es cuadrada, requiere ángulos y triangulaciones para que la naturaleza de las sombras y la luz se infiltre en ese hueco voraz. Si la presencia del cuerpo se somete a este fluido instantáneo, es porque el aire que produce se conjuga con el vacío que circula encuadrado en cierto límites. Nos aproximamos entonces a esos bordes desde afuera, ya que el acceso a ese abismo implicaría haber perdido la forma que nos mantiene vivos.

3 3 3 3 3 3 3 3 3 3 3 3 3 3 3 3 3 3 3 3 3 3 3 3 3 3 3 3 3 3 3 3
3 3 3 3 3 3 3 3 3 3 3 3 3 3 3 3 3 3 3 3 3 3 3 3 3 3 3 3 3 3 3 3
3 3 3 3 3 3 3 3 3 3 3 3 3 3 3 3 3 3 3 3 3 3 3 3 3 3 3 3 3 3 3 3
3 3 3 3 3 3 3 3 3 3 3 3 3 3 3 3 3 3 3 3 3 3 3 3 3 3 3 3 3 3 3 3
3 3 3 3 3 3 3 3 3 3 3 3 3 3 3 3 3 3 3 3 3 3 3 3 3 3 3 3 3 3 3 3
3 3 3 3 3 3 3 3 3 3 3 3 3 3 3 3 3 3 3 3 3 3 3 3 3 3 3 3 3 3 3 3
3 3 3 3 3 3 3 3 3 3 3 3 3 3 3 3 3 3 3 3 3 3 3 3 3 3 3 3 3 3 3 3
3 3 3 3 3 3 3 3 3 3 3 3 3 3 3 3 3 3 3 3 3 3 3 3 3 3 3 3 3 3 3 3
3 3 3 3 3 3 3 3 3 3 3 3 3 3 3 3 3 3 3 3 3 3 3 3 3 3 3 3 3 3 3 3
3 3 3 3 3 3 3 3 3 3 3 3 3 3 3 3 3 3 3 3 3 3 3 3 3 3 3 3 3 3 3 3
3 3 3 3 3 3 3 3 3 3 3 3 3 3 3 3 3 3 3 3 3 3 3 3 3 3 3 3 3 3 3 3
3 3 3 3 3 3 3 3 3 3 3 3 3 3 3 3 3 3 3 3 3 3 3 3 3 3 3 3 3 3 3 3
3 3 3 3 3 3 3 3 3 3 3 3 3 3 3 3 3 3 3 3 3 3 3 3 3 3 3 3 3 3 3 3
3 3 3 3 3 3 3 3 3 3 3 3 3 3 3 3 3 3 3 3 3 3 3 3 3 3 3 3 3 3 3 3
3 3 3 3 3 3 3 3 3 3 3 3 3 3 3 3 3 3 3 3 3 3 3 3 3 3 3 3 3 3 3 3
3 3 3 3 3 3 3 3 3 3 3 3 3 3 3 3 3 3 3 3 3 3 3 3 3 3 3 3 3 3 3 3

Thus it involves seeing the square from outside, a square that implies other squares, namely, a cube. Along the walls of this cube open at the upper side that enables us to glimpse it, water flows. A flow that raises sound to the voluptuousness of echo. The water's echo does not answer the voices that in their reverie would cry out from above, those vertical voices that fell into the infinity of the bases. Now, instead, in the horizontality that prevents falling, our hands touch the water. A groove below this alphabet refreshes the fingers. Is this holy water? Are these bodies that returned to the lassitude of their primal fluid? Does this imply that death is these straight lines, whereas life is a blue sphere of splendor? The color black establishes its funerary aura, the metal that guarantees its epitaphic character. But what gives the monument its density is the passage of living bodies, those warm bodies that do not know whether to keep silent or pray, who reach these edges through exasperating lines in order to confirm the consistency of the scan. The manner of arrival dismantles this rite's solemn character, imprints with registers the discomfort caused by the unleashed violence.

Es ver entonces el cuadrado desde afuera, un cuadrado que implica otros cuadrados, es decir, un cubo. Por las paredes de ese cubo abierto en el lado superior que nos permite vislumbrarlo, transita el agua. Tránsito que eleva el sonido a la voluptuosidad del eco. El eco del agua no responde a las voces que en su ensueño clamarían desde arriba, esas voces verticales que cayeron a la infinitud de las bases. Ahora en cambio, en la horizontalidad que impide la caída, tocamos el agua con las manos. Una ranura debajo de ese abecedario refresca los dedos. ¿Es agua bendita? ¿Son cuerpos que volvieron a la lasitud de su fluido primigenio? ¿Implica que la muerte es estas líneas rectas, mientras la vida es una azul esfera de esplendor? El color negro establece su aura funeraria, el metal que acredita su carácter de epitafio. Pero es el recorrido de los cuerpos vivos lo que da al monumento su espesor, estos cuerpos calientes que no saben si permanecer en silencio o rezar, que acceden a estos bordes a través de exasperantes líneas para comprobar la conformidad del escaneo. La manera de llegar desarticula el carácter solemne de este rito, imprime de registros la desazón por la violencia desatada.

When shall we reach, from the edge toward the infinite within this proliferation, a cube that's a cube that's a cube that's a cube? But these cubes, as they show themselves, are hollow. The text exists in the limiting space, and these texts are the human. The rest is mere commemoration. A broken knot opposed to the light that would emanate from these bodies if they were alive. The dark background does not interfere with a reflection's tonal variations. The framed reflection, the monument seems to say, is all that remains, and the murmur of the water spilling untroubledly down the edges. Perhaps this perseverance prevents tears from breaking out again, and the organism from laughing and crying simultaneously and wiggling its fingers which discover that they can come to be part of this distance. To touch water is in some way to touch these bodies miraculously held in the cavity of their names. To touch water is to know that this contact is merely fleeting, a hint of what could have been assistance, the caress that we all supposed could have reversed the rancor that provokes the supreme radiation of so many minds proclaiming the victory of incomprehension.

¿Cuando llegaremos desde el borde hacia el infinito adentro de esta proliferación, un cubo que es un cubo que es un cubo que es un cubo? Pero estos cubos en su manifestación son huecos. Existe el texto en el espacio que limita y esos textos son lo humano. El resto es simple conmemoración. Lazo quebrado que se opone a la luz que emanaría de esos cuerpos si estuvieran vivos. El trasfondo oscuro no interfiere con las variaciones tonales de una reflexión. El reflejo encuadrado, parece decir el monumento, es todo lo que queda y el rumor del agua que se derrama sin pena por los bordes. Será tal vez esa constancia lo que impide que las lágrimas rebroten, que el organismo llore y cante simultáneamente y se agite con los dedos que descubren que pueden llegar a ser parte de esa lejanía. Tocar el agua es de alguna manera tocar esos cuerpos detenidos por milagro en la cavidad de sus nombres. Tocar el agua es saber que ese contacto es solamente perecedero, el asomo de lo que podría haber sido un socorro, la caricia que todos suponíamos podría haber invertido el encono que provoca la suprema radiación de tantas mentes proclamando la victoria de lo incomprensible.

Whoever said that the cube would lead to the liminal space of squares? Whoever said that volume would give the spectrum its present magnitude? The edge is now the exclusion; free access is banished. If previously, one was inside, now the body reneges or wishes to pour itself into that incipient substance inviting it. Hydrogen and oxygen between the lines submerging earthly chemistry. That linearity which succumbs to the intellectual infinite. Parallel lines never meet, and this "never" is terrifying. If we elevate the lines of these cubes to the square, we have two parallelepipeds in space, each crammed with living molecules. Frankly, the brain can't understand this. As it comes undone, it can only appeal to *horror vacui*. Better to enthrone oneself on these edges because the nomenclature of the unknown determines the suppression of all understanding. He who was witness to disintegration, now combines all these deaths into himself. The edges of his body have overflowed. What to do with this anonymous dilemma that models our constitutions, especially knowing that our children contract this same clamor in their genes?

¿Quién dijera que el cubo llevaría al espacio liminar de los cuadrados? ¿Quién dijera que el volumen daría al espectro su magnitud actual? Es ahora el borde la exclusión, desterrado el libre acceso. Si antes uno estaba adentro, ahora el cuerpo se desdice o quisiera verterse en esa sustancia incipiente que lo solicita. Hidrógeno y oxígeno entre las líneas que sumergen la química terrestre. Esa linealidad que al infinito intelectual sucumbe. Las líneas paralelas jamás se juntas y este jamás es lo que aterra. Si elaváramos las líneas de estos cubos al cuadrado, tendríamos dos paralelepípedos en el espacio, cada uno atiborrado de moléculas vivientes. El cerebro francamente no lo puede comprender. Al desencuadrarse, sólo puede apelar al horror vacuo. Mejor entronizarse en estos bordes porque la nomenclatura de la incógnita determina la supresión de todo entendimiento. El que fue testigo de la desintegración, conjuga ahora en sí todas esas muertes. Los bordes de su cuerpo han sido colmados. ¿Qué hacer con esa tesitura anónima que constitucionalmente nos modela, sobre todo sabiendo que los hijos contraen en sus genes este mismo clamor?

Then, we designed a boundless albeit autonomous space wherein the bodies inhabiting it could develop. This squared murmur, this window to the intellect, which is merely an excuse to chafe against solitude. Two plus two are four, and four plus four, eight. This simple arithmetic can't be trusted. Really, who cares? Adding and subtracting aren't enough for restraining bodies that desire contact, nor for minds that embolden the body with truths that are abstruse as well. To delimit is to disfigure through so much subjugation to the tribute that must be paid to beauty. To whom and why? Is the violence of giving birth entirely a consequence, this uncontrolled motivation to inhale the air that contains and exceeds us all? For detuning asphyxia, is breath the sole extension of vitality? Soft machines that codify and construct everything on the basis of their emanations. What will become of us when we have nowhere to turn? Upon what surface will our symptomatic dilemma support itself? No rhetoric strangles quite like the umbilical cord the very matter it nourishes with oxygen. The asphyxia of the unapproachable can become lethal.

Diseñamos entonces un espacio desmedido pero autónomo en donde los cuerpos que se habitan pueden desenvolverse. Este rumor cuadrado, esta ventana al intelecto, que no es más que una excusa para excoriar la soledad. Dos y dos son cuatro, y cuatro y cuatro, ocho. No es de confiar esta simple matemática. ¿En realidad a quién le importa? Sumar y restar no basta para la contención de los cuerpos que desean el contacto, ni para las mentes que envalentonan el cuerpo de verdades que son también abstrusas. Deslindar es afearse por tanta subyugación al tributo que hay que pagar a la belleza. ¿A quién y por qué? ¿Es la violencia del parto toda consecuencia, esta motivación desenfrenada de inhalar el aire que a todos nos contiene y nos rebasa? ¿Para desentonar la asfixia es el resuello la única extensión de lo vital? Máquinas blandas que todo lo codifican y construyen a partir de sus emanaciones. ¿Qué devendrá de nosotros cuando no tengamos adónde acudir? ¿Sobre qué superficie se apoyará nuestra tesitura sintomática? No hay retórica que estrangule como el cordón umbilical la materia misma que alimenta de oxígeno. La asfixia de lo inabordable puede llegar a ser letal.

Today, circumnavigating, encircled, abstract time is this square of matter gently flowering, while the dorsal spine splits open in order to give away love's secret. Were it not for the spine, love would not expand between present and absent bodies' bones and muscles, though it's the mind that accumulates useless meshes in the remnants of the inscrutable. A symbolic access to other penetrations which remain unrealized if not for the difficulty of making way for the expansion of certain teguments that originate the symbiosis which from the closed circle of the placenta determines the flows. So take note: it's not a matter of entangling the cord of becoming in the incomplete individual, but rather of pulling oneself together in order to soften the limits of such oppression, relocating this unease in a more pleasant place, where solitude momentarily wears itself out and the necessary nexuses are established so that the assessment of the other is merely a commonplace. How foolish are the creations of language that distort the senses. The commonplace would then be the transitory space between the edges from which the sin of solitude is excommunicated from the body in motion.

Tiempo circumnavegante, circunvalado y abstracto es hoy esta cuadratura de materia que aflora suavemente, mientras la espina dorsal se hiende para dar el secreto del amor. Si no fuera por la espina, el amor no se expandiría entre los huesos y los músculos de los cuerpos presentes y ausentes, aunque es la mente la que acumula redecillas inútiles en las sobras de lo inescrutable. Acceso simbólico a otras penetraciones que no se llevan a cabo si no es por la dificultad de dar el paso a la expansión de ciertos tegumentos que dan origen a la simbiosis que desde el círculo cerrado de la placenta condiciona los flujos. Adviértese entonces que no se trata de enredar el cordón del devenir en la individualidad inconclusa, sino más bien de recogerse en uno mismo para suavizar los limites de tanta opresión, resituando esa desazón en algún lugar más placentero, donde la soledad se hace trizas por un momento y se establecen los nexos necesarios para que la valoración del otro sea nada más que un lugar común. Qué necias son las creaciones del lenguaje que tergiversan los sentidos. El lugar común sería entonces el espacio transitorio entre los bordes desde donde el pecado de la soledad se excomulga del cuerpo en movimiento.

To cross boundaries is to sideslip certain senses that indicate this emanation of air accumulated in the lungs. To sigh is neither to inhale nor exhale. It is a liberation of certain cramped zones requiring organic compensation. There is an excess that fulfills itself in weight, as if gravity suddenly pulled downward in order to ease the circulation of goods. Squaring the circle is an insoluble problem. How can a circle be squared? Let us rather think in terms of rounded forms because straight lines are a mental creation. No matter that the horizon indicates the contrary, it is an optical illusion, that is, a fiction. Our mind is permanently deceiving us. If the senses promise us this line between earth and heaven, we know that the atmosphere is an amorphous layer fluctuating in our bodies. That which is straight, however, extends us towards compression. The walls of my room protect me against the harshness of others; this piece of paper refers me to a tidy rectitude. However, we harness our lives to this illusory perfection, unaware that the true transaction accumulates deformity.

Transitar los lindes es derrapar ciertos sentidos que señalan esta emanación de aire acumulado en los pulmones. Suspirar no es inspirar ni expirar. Es una liberación de ciertas zonas apretadas que requieren una compensación orgánica. Hay una demasía que se cumple en lo pesado, como si la gravedad tirara sorpresivamente hacia abajo para alivianar la circulación de bienes. La cuadratura del círculo es un problema irresoluble. ¿Cómo puede un circulo ser cuadrado? Pensemos más bien en formas redondeadas porque las líneas rectas son una creación mental. Por más que el horizonte indique lo contrario, es una ilusión óptica, o sea, una ficción. Nuestra mente permanentemente nos engaña. Si los sentidos nos prometen esa línea entre la tierra y el cielo, sabemos que la atmósfera es una capa amorfa que fluctúa en nuestros cuerpos. Lo recto sin embargo nos extiende hacia la compresión. Las paredes de mi cuarto me protegen de las inclemencias de los otros, esta hoja de papel me remite a una pulcra rectitud. Sin embargo, embargamos nuestras vidas a esta ilusoria perfección sin darnos cuenta que la verdadera transacción acumula lo deforme.

Let the sin of the dead be what the mind can admit. Let the sin of the dead confront its texture of light between the cracks. No one will fill up these verses with hinges. No one will approach the lintel that supports the window in its linear structure. Since the square is a window, let these words be cast into the hungry wells. Let souls wave their flag of milk and honey. Relationships will never turn into fugitive hiding places. We shall never consent to dissolve into gestures that which is substantially ungraspable. Slowly, the mechanism has started to operate. The rusted parts creak at the speed of a dead man. This happens in the center of the chest at the height of the diaphragm, like the anachronistic repair of a black telephone. Never standing, always reclining or kneeling, desperation nourishes itself less and less. Dawn stretches forth its rosy fingers in the Greek epics and sets my heart working. Then an exclamation rolls, simplifying the framing, without brushing against intellectual penetration. The body is soma, the mind somaticized, incongruous dismantling of the nexuses that indicate what thought must articulate.

Que el pecado de los muertos sea lo que la mente pueda admitir. Que el pecado de los muertos afronte su textura de luz entre los huecos. Nadie colmará de goznes estos versos. Nadie se acercará al dintel que soporta la ventana en su estructura lineal. Siendo el cuadrado ventana, que se arrojen a los pozos hambrientos estas palabras. Que las ánimas sacudan su estandarte de leche y miel. Nunca devendrán en escondrijo fugaz las relaciones. Nunca asentiremos a dirimir en gestos lo que sustancialmente es inaprensible. Lentamente el mecanismo se ha puesto a funcionar. Las partes oxidadas crujen a la velocidad de un muerto. Eso ocurre en el centro del pecho a la altura del diafragma, como la recomposición anacrónica de un teléfono negro. Nunca de pie, siempre acostada o de rodillas, la desesperación se nutre cada vez menos. El alba asoma sus dedos rosados en las épicas griegas y pone a funcionar mi corazón. Rueda entonces una exclamación que simplifica el encuadre, sin rozar la penetración intelectual. El cuerpo es soma, la mente soma tiznada, desarticulación inconducente de los nexos que indican lo que el pensamiento ha de articular.

What brings you to be what you are when matter alters the inconstancy that enlivens your body, when nobody can efface what you have done or what you will do? The body's sentinel is the mind that incessantly advances in these predicaments. You wouldn't want to die, but neither do you want to go on living. This is the degree of immanent gravity in every action that is paralyzed in its foundations. To continue in this way is unexpected. It is the absence of joy at everything surrounding you, as if they had deprived oysters of their juice and this silken consistency was no longer possessed by anything. The body is lintel, pure spine, vague geometrical space, splendor. It is rather that which at its edges separates you from what abounds, this simplicity in saying what lacks flesh. Only the outline counts. Though sometimes as it enters matter, softness is achieved as if by magic. And if sorrow spreads through these lines, a certain sponge neutralizes the color that sorts the hours into senseless batches. Senseless means not sensing or that sensing is hollow. If it were hollow, this square would be of air. If it were of air, what I am writing would not have form. If it did not have form, the space my body occupies would be nothing.

¿Qué te lleva a ser lo que sos cuando la materia altera la inconstancia que se anima en tu cuerpo, cuando nadie puede borrar lo que has hecho ni lo que harás? Centinela del cuerpo es la mente que avanza sin cesar en estos predicamentos. No quisieras morir pero tampoco quisieras seguir viviendo. Este es el grado de gravedad inmanente en toda acción que se paraliza en sus cimientos. Continuar así es inopinado. Es la falta de alegría por todo lo que te rodea, como si le hubieran quitado el jugo a las ostras y ya nada tuviera esa consistencia de seda. Dosel es el cuerpo, pura espina, espacio geométrico indeciso, resplandor. Es más bien lo que te separa en sus bordes lo que abunda, esta sencillez en decir lo que carece de carne. Sólo el esquema es lo que cuenta. Aunque a veces al entrar en materia lo blando se realiza como por arte de magia. Y si la pesadumbre cunde en estas líneas, cierta esponja neutraliza el color que serializa las horas en tandas sin sentido. Sin sentido es no sentir o que el sentir sea hueco. Si fuera hueco este cuadrado sería de aire. Si fuera de aire esto que escribo no tendría forma. Si no tuviera forma el espacio que ocupa mi cuerpo nada sería.

To open this perpendicular space where the body is found is today's motto. Parallel hole, precise intrusions defining the statutes of memory and forgetting. We will never understand that blood is at the same time that which causes penetrations, that which invalidates the brain's being an unapproachable continent of thicknesses. There are those who say that everything is fake, and fakeness is when causes no longer speak, a simple play of lights that explode in heaven like dry flashes.

The moon, on the other hand, is undying. Suddenly it seems eternal, but it isn't. Everything eternal is successive, and it suits nobody for reality to be this record of conflicting ideas. Contaminating the mind seems the only path, mining it with useless tales to pass the time. "You don't say", we exclaim when something surprises us. What is it that's unsaid? The eyes respond to the engraved nuclei of the visual cells that key in a contradiction with the brain. Everything we see is upside-down. And what moves away from our visual field is the proof of certain inconclusive vaguenesses.

Abrir este espacio perpendicular en donde se encuentra el cuerpo, es la consigna de hoy. Hueco paralelo, intrusiones precisas que definen los estatutos de la memoria y el olvido. Nunca entenderemos que la sangre es a su vez lo que suscita las penetraciones, lo que invalida que el cerebro sea un continente inabordable de espesores. Hay quien dice que todo es de mentira y de mentira es cuando las causas ya no dicen, simple juego de luces que estallan en el cielo a manera de ráfagas secas.

La luna, en cambio, es imperecedera. De repente parece eterna pero no lo es. Todo lo que es eterno es sucesivo y a nadie le conviene que la realidad sea este registro de ideas encontradas. Contaminar la mente parece ser el único camino, minarla de cuentos inútiles para pasar las horas. Mirá vos, decimos cuando algo nos sorprende. ¿Mirar qué? Los ojos responden a los núcleos cincelados de las células visuales que digitan del cerebro una contradicción. Todo lo que vemos está invertido. Y lo que se aleja de nuestro campo visual es la comprobación de ciertas vaguedades inconclusas.

The flow of the stroke is continuous whereas the proviso indicates a pause. To save, save oneself from an immovable impression is what really sticks out in this interpenetration. The drive to correct integrates the flow, but error indicates the path's ineffability. If the failure of typing is the loss of absolute control over the soft matter that wants to elucidate itself, confidence includes other factors that do not succeed in making concessions to the visual. Surrendering oneself would be the motto, and trusting that there are sentences that are not the ones indicated, although the fragrant bite is what prevents the rashness of yellow. If two swans peck at their plumages, deforming the elegance of their necks, why not deform the aforesaid with bombastic mottos Let us then alter the grammar of hatred, the absolute isolation of alien bodies. Let us determine, finally, that perplexity is the cause of suitable circumstances, that love or empathy is what the bone grants us in its drive for medullary consistency.

El flujo del trazo es continuo mientras que la salvedad indica una pausa. Salvar, salvarse de una impronta inamovible es lo que en realidad se asoma en esta interpenetración. El afán de corrección integra el flujo, pero el error indica lo inefable del camino. Si el fallo en la digitación es la pérdida de control absoluto sobre la materia blanda que se quiere elucidar, la confianza incluye otros factores que no atinan a conceder con lo visual. Entregarse sería la consigna y confiar en que hay sentencias que no son las indicadas, aunque la dentellada olorosa sea lo que prevenga la precipitación del amarillo. Si dos cisnes picotean sus plumajes deformando la elegancia de sus cuellos, por qué no deformar lo antedicho con consignas rimbombantes. Alteremos pues la gramática del odio, el absoluto aislamiento de los cuerpos ajenos. Determinemos, en fin, que la perplejidad sea la causa de las circunstancias congruentes, que el amor o la empatía sean lo que el hueso nos conceda en su afán de consistencia medular.

4444444444444444444444444444444444
4444444444444444444444444444444444
4444444444444444444444444444444444
4444444444444444444444444444444444
4444444444444444444444444444444444
4444444444444444444444444444444444
4444444444444444444444444444444444
4444444444444444444444444444444444
4444444444444444444444444444444444
4444444444444444444444444444444444
4444444444444444444444444444444444
4444444444444444444444444444444444
4444444444444444444444444444444444
4444444444444444444444444444444444
4444444444444444444444444444444444
4444444444444444444444444444444444
4444444444444444444444444444444444
4444444444444444444444444444444444

If language establishes concepts and eyes shut themselves to words in dream, the image flattens itself level into another form of understanding. The method is simple but effective. From concept to image, from image to representation. A working method that preexists categorizations in the manner of verses that escape from one's hands in order to deduce that the brow is simply a mosquito bite floating in the intermittencies of the air that surrounds us inculcating thought with the versatility of skin. A circuit embedded in the foundational matter that absorbs the prehensile into its consistency. Five are the fingers implanting the perception of the number of letters I pressure so that the redundancy of language takes shape. The appreciation of the remainder is the backdrop to this syncopated movement that requires a certain tension in the rear area of the encephalic mass. Here, the damned histrionics rehabilitate themselves and the crossblades ponder their fleshly putrefaction. Painlessly, the mind prescribes its carnival of images that subject language and leave it one-handed. It is expansion that emerges from the greatest concentration.

Si el lenguaje fija los conceptos y los ojos se cierran a las palabras en el sueño, la imagen se hace plana en otra forma de comprensión. El método es simple pero eficaz. Del concepto a la imagen, de la imagen a la representación. Un método de trabajo que preexiste las categorizaciones a manera de versos que se escapan de las manos para inferir que la frente es simplemente la picazón de un mosquito que flota en las intermitencias del aire que nos rodea inculcando al pensamiento la versatilidad de la piel. Un circuito encastrado en la materia fundante que absorbe en su consistencia lo prensil. Cinco son los dedos de la mano que implantan la percepción del número de letras que presiono para que la redundancia del lenguaje se haga forma. La apreciación del resto es telón de fondo a este sincopado movimiento que exige una cierta tensión en el área posterior de la masa encefálica. Allí el condenado aspaviento se rehabilita y las aspas cavilan su putrefacción de carne. Indoloramente, la mente se prescribe en su carnaval de imágenes que subyugan el lenguaje y lo dejan manco. Es la expansión que surge de la mayor concentración.

What began as a unanimous meditation is now what in the stars is called by its proper name. On one side, the head; on the other, the heart. Who could soften laughter or silence without urges being this somber purr. From one side and the other it is always six in the morning. But here and now, versatility bestirs itself to say that solitude dictates its commands as it penetrates the inconceivable space of maximum tensions. Here, the fireflies are reflected in the intermittent surface of a mirrored cubicle distending the puzzlements of identity in a platform surrounded by water. Here, beauty carries out its happy mandate. We are this infinity of lights hidden by our peculiar brain and from every side of our solid composition, the spontaneity of our pain opposes the cruelty of all scandalous crackling. Here I am, and this is the singular domain that fell to me to sketch in words. I give it to you, along with the possibility of saying that beyond these crossings there is no other way of stammering I love you and I devour you, I sensualize you and I am at your feet, adored mind, in this indecisive and perceptive, framed and recurring, act.

Lo que empezara como una meditación unánime es ahora lo que en las estrellas se llama con nombre propio. De un lado, la cabeza, del otro, el corazón. Quien pudiera amansar la risa o el silencio sin que las ganas fueran este ronronear sombrío. De un lado y del otro siempre son las seis de la mañana. Pero aquí, ahora, la versatilidad se anima a decir que la soledad es la que dicta sus mandatos al penetrar en el espacio inconcebible de las tensiones máximas. Aquí las luciérnagas se reflejan en la superficie intermitente de un cubículo espejado, distendiendo en una plataforma rodeada de agua las perplejidades de la identidad. Aquí la belleza cumple su mandato feliz. Somos esta infinidad de luces opacadas por nuestro cerebro peculiar y de cada lado de nuestra contextura sólida la espontaneidad de nuestra pena se opone a la crueldad de todo crepitar escandaloso. Aquí estoy y este es el singular dominio que me ha tocado esbozar con las palabras. Te lo doy, así como la posibilidad de decir que mas allá de estos tránsitos no existe otra manera de balbucear te amo y te devoro, te sensualizo y me pongo a tus pies, adorada mente, en este acto indeciso y perspicaz, encuadrado y recurrente.

If there are concerns, they are indecisive, unstable, recurring, like the grain of sand that gets in one's eye and never stops irritating the opaque matter that constitutes the cornea. In this way, then, the framework of ideas compresses itself in order to generate a limit, where actions are restrained by invoking unity, company, soothing of the other that supports our acts in an even greater reality. If you and I and a large group enter a certain wavelength and adopt a rhythm that suits our feet, we will imperturbably walk to the sound of ideas. Every one who blocks our path will be duly punished, everything that does not belong to the space that limits the ideology of news we carry and that justifies and accompanies us, but above all that gives us a sense of belonging in certain areas where subjectivity and emotion make us feel alone. Solitude violently interferes the moment when ideas are displayed. If you do not include yourself in these edges, you will be detested, detitted alone in contravening the stupefaction that annihilates everything just.

Si hay preocupaciones son indecisas, inestables, recurrentes, como el grano de arena que se mete en el ojo y no puede dejar de irritar la materia opaca que constituye la córnea. Es así entonces que el encuadre en las ideas se apelmaza para generar un límite, donde las acciones se contienen invocando la unidad, la compañía, el sosiego del otro que apuntala nuestros actos en una realidad aún mayor. Si vos y yo y un grupo enorme entramos en cierta longitud de onda y adoptamos un ritmo conveniente a nuestros pies, marcharemos al son de las ideas de manera imperturbable. Todo aquel que se interponga en nuestro camino será debidamente castigado, todo aquel que no pertenezca al espacio que limita el ideario de noticias que traemos y que nos justifica y acompaña, pero sobre todo que nos da un sentido de pertenencia en ciertas áreas donde la subjetividad y el afecto nos hacen sentir solos. La soledad interfiere con violencia en el momento de mostrar las ideas. Si vos no te incluís en esos bordes, serás el detestado, la destetada, estarás sola contraviniendo la estupefacción que aniquila lo que es justo.

To establish the circle of vision that expands its perimeters to the indiscernible, in the knowledge that there is a framework within consciousness given by language which we always see on our knees with their linear limits. In this way, the inconclusive and the clusive are joined, that is, what there is in them of the occlusive or lethal. Putting to death is the imprecation that unsettles throughout life. Putting to death and bringing into life, namely, the antipodes in which all organizing thought enunciates itself. Antitheses are not what the mind generates unconcernedly. Rather, what astonishes is perceptual rivalry, not being able to see the image in its two simultaneous alternatives, like the sketched cube that presents itself from above on the right, or from below on the left, for example. We see one or the other, but not both at the same time. Only one dimension demands the power of vision. Elongated perceptual edges and finite characterization of the object, discrepancies that enable arriving at the sensitive swarm decorating the expansion of the beehive. When the beehive collapses, ideas circulate randomly in search of the queen. But nothing remains of that hexagonal mass that exuded the purity of honey in our germ-stuffed palates.

Sabiendo que hay un marco en la conciencia dado por el lenguaje que siempre vemos de rodillas con sus límites lineales, establecer el círculo de la visión que expande sus perímetros a lo indiscernible. De esta manera se juntan lo inconcluso y lo cluso, o sea lo que tienen de oclusivo o letal. Dando muerte es la imprecación que se agita por la vida. Dando muerte y dando vida, es decir, las antípodas en que todo pensamiento organizador se enuncia. Las antítesis no son lo que la mente sin más preocupación genera. Es más bien la rivalidad perceptual lo que asombra, no poder ver la imagen en sus dos alternativas simultáneas, como el cubo dibujado que se presenta desde arriba a la derecha, o desde abajo a la izquierda, por ejemplo. Vemos uno o vemos otro, pero no los dos al mismo tiempo. Sólo una dimensión exige el poder de la visión. Bordes perceptuales alongados y caracterización finita del objeto, discrepancias que permiten acudir al enjambre sensitivo que decora la expansión del panal. Cuando el panal se rompe, las ideas circulan sin ton ni son buscando a la reina. Pero nada queda de esa masa hexagonal que trasuntaba la pureza de la miel en nuestros paladares atestados de gérmenes.

The moon, sometimes divided in two, appears like a specter undergirding one or the other side of the brain. However, it is known that darkness implies waiting. To exalt oneself in order to write about the moon, its perfect sphericality waxing and waning in the air's acoustic. The beyond always surprises, the here and now, the tides rising and falling each day at different times, the marks left by the sea's detritus, its foul-smelling writings or the dozens of lines forming an imponderable semiotic weave. Whatever we do, this confidence soothes our bones, organizes the rhythm of our hearts. Reason tells us, let's rouse ourselves, let's love, let's kiss what the ebbtide leaves aside, what the inherent succumbing of the water leaves at its feet. Thus, the noise of the waves stipulates a consolation, its imaginary permanence somehow makes us happy. Let us therefore be happy while it lasts. Carpe diem! The air envelops us with its hands of silver and metallic green. Adoration is the pleasure which shakes the body in the absence of real hands scrubbing the fear of leaving at the edges only what is abject.

La luna a veces dividida en dos se aparece como un espectro apuntalando un lado u otro del cerebro. Sin embargo se sabe que la oscuridad implica la espera. Enaltecerse para escribir la luna, su perfecta esfericidad dibujándose y desdibujándose en la acústica del aire. Siempre sorprende el más allá, el más acá, las mareas que suben y bajan todos los días a distintas horas, las marcas que dejan los detritos del mar, sus escrituras hediondas o las decenas de rayas que configuran un tejido semiótico imponderable. Hagamos lo que hagamos, esta confianza nos aliviana los huesos, nos organiza el ritmo del corazón. La razón nos dice soliviantemos, amemos, besemos lo que el reflujo deja de lado, lo que el sucumbir intrínseco del agua deja a sus pies. Así, el estrépito de las orillas estipula un consuelo, su imaginaria permanencia nos hace de alguna manera felices. Seamos felices entonces mientras dure. Carpe diem! El aire nos envuelve con sus manos de plata y verde metal. La adoración es al gusto que al cuerpo sacude a falta de manos reales que restrieguen el miedo a dejar en los bordes sólo lo abyecto.

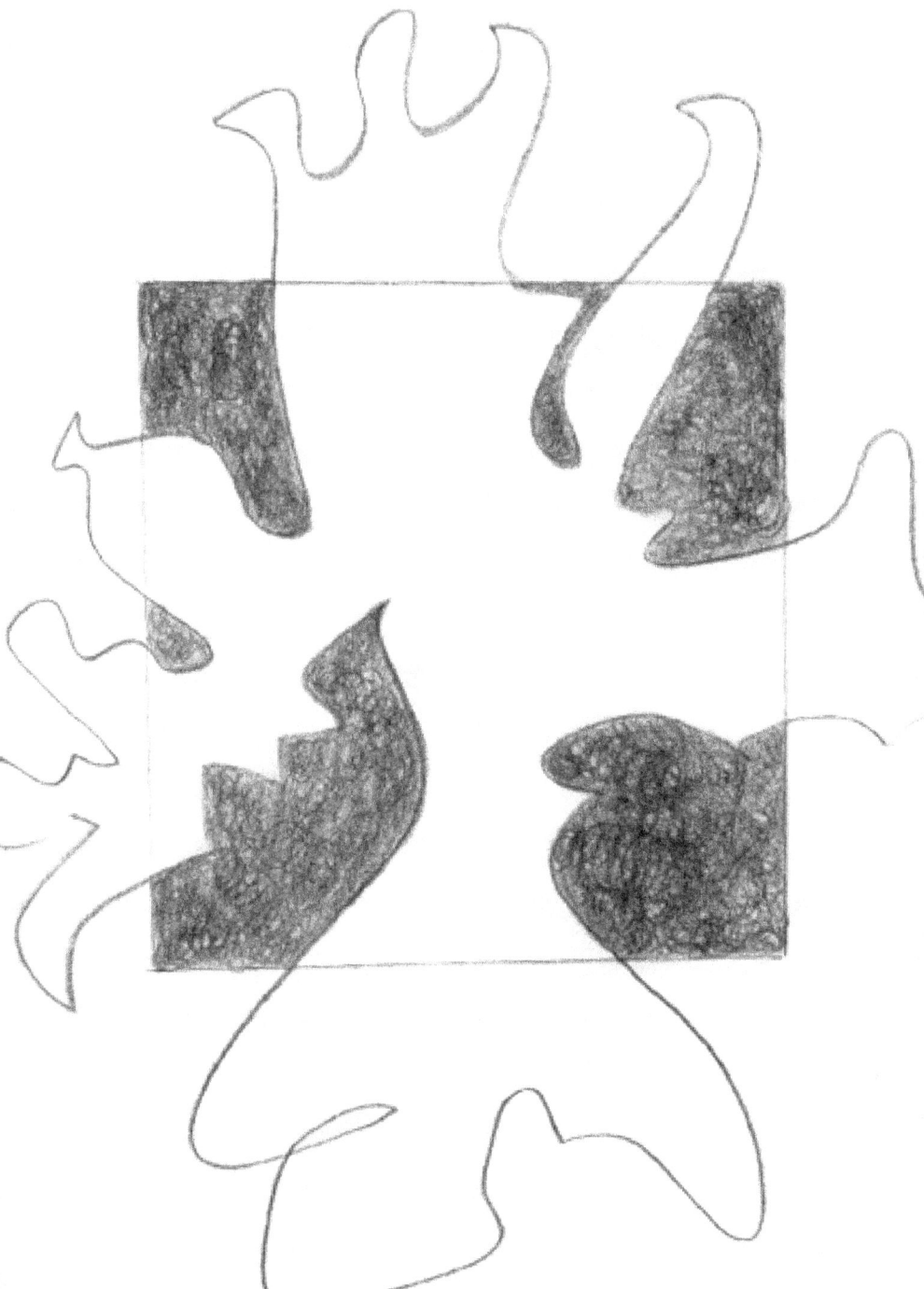

There is a process in the truthful and attenuated distance that incipiently swims in the unusual space that now reveals itself as consolation. The flow of consciousness is the flow of water crossing over the edges drowning incidents within now insoluble, now emblematical digressions. Now, for example, I am dreaming that fingers take possession of letters because there are indicators that stipulate this. There was a subtraction to avoid error and this subtraction came from tactility. Never until now had I located the possibility of this support, this syntagmatic way of conveying ebullition. A skill learned with time, but not with the head, as it is innumerable repetition that conditions the possibility of error. Two hundred thirty thousand times we attempt to make confusion adjust to our lives, not knowing that there are certain stimuli that resolve at least a transitory order that tolerates a certain peace. Let us then begin to forge what the rain slowly determines when the sun stops shining. The plant is strengthened by such accumulated energy and the leaf trembles when water testifies to its lustral trace.

Hay un proceso en la distancia veraz y atenuada que nada incipientemente en el inusitado espacio que ahora se revela como consolación. El fluir de la conciencia es el flujo del agua que transita por los bordes ahogando los sucesos en disquisiciones a veces insolubles, otras emblemáticas. Ahora por ejemplo, sueño que los dedos pueden apropiarse de las letras porque hay indicadores que así lo estipulan. Había una sustracción para evitar el error y esa sustracción venía de lo táctil. Nunca hasta ahora había localizado la posibilidad de ese apoyo, esa sintagmática forma de conducir la ebullición. Destreza aprendida con el tiempo, pero no con la cabeza, siendo la repetición innumerable lo que condiciona la posibilidad del error. Doscientas treinta mil veces intentamos que la confusión se acomode a nuestras vidas, sin saber que hay ciertos estímulos que resuelven por lo menos un orden transitorio que consiente cierta paz. Comencemos entonces a forjar lo que la lluvia determina lentamente cuando el sol deja de brillar. La planta se potencia de tanta energía acumulada y la hoja se estremece cuando el agua deja constancia de su rastro lustral.

Wherever would I want to be if not in the enclosed limits of the gently appeasing waves. But ants move over the body in a fleeting, selective manner. This is the zone, this the boiling point of heaped-up emotions, proper company of the existence that slips through one's fingers like the uneasy wind. And the air, and the unheeding others, and the hidden secret determining the form of the body, this curvature of the back, this anonymous request moving toward the vibration of certain rites and traits that link celebration to refuge, with the archive of vile deeds one is capable of committing as long as they redound in the proof of a caress. Trivial sorcery, Dantean drawing near to the sarcasm with which one looks at oneself and at the others in order once again to destroy them once and for all, in a millisecond that passes like an eraser on the mind's blackboard; the eye being incapable of holding back the confraternity of worries generated by the glacial gaze that every now and then materializes in the body's organs and cradles the pleasure of taming the cycle of vibrations dissolved for so long now in order to attain without possible equations the holiness of this ceremony.

Dónde fuera que quisiera estar si no en el ámbito cerrado de las ondas que aquietan mansamente. Pero las hormigas avanzan por el cuerpo de manera fugaz y selectiva. Esta es la zona, éste es el hervor de las emociones apiladas, certera compañía de la existencia que se escapa de las manos como el viento en desazón. Y el aire, y los otros que desairan, y el secreto escondido que determina la forma del cuerpo, esa desviación en la espalda, esa solicitud anónima hacia la trepidación de ciertos ritos y rasgos que vinculan la celebración con el amparo, con el archivo de bajezas que uno es capaz de cometer con tal de que redunden en la comprobación de una caricia. Sortilegio trivial, dantesco aproximarse a la sorna con que uno mismo se mira y mira al otro para destruirlo de una vez por todas otra vez, en esa milésima de segundo que pasará como una esponja en la pizarra de la mente, sin que el ojo sea capaz de detener la cofradía de inquietudes que genera la mirada glacial que cada tanto se materializa en los órganos y acuña el placer de domesticar el ciclo de vibraciones hace ya tanto tiempo dirimidas, para alcanzar sin ecuaciones posibles la beatitud de esta ceremonia.

The challenge of the atmosphere thus integrates itself with the framed system of the mind. Just as winter becomes more noticeable in the summer, so did turbulence advance across the sky until attaining the untenable proportion that shook earthly souls. Only between these four walls could we surrender to the blessedness of a phenomenon unpredictable in its dimension. Only between these four walls could we calm ourselves when we opened the window and the wind entered our lungs. We said that this was strength. We said that everything surrounding us and in alignment is perishable. The inconsistent form of this deactivation of batteries was what obliged us to lie down in our own meekness, rather, to bow down to what comes before us and prescribes us. Cool air entered and outside there was a howling. How to calm oneself in the sleepwalking state of an effervescent atmosphere? The red lights reflected the surrender to what smallness compelled us. Although our hands were sweaty, we felt secure between these four walls, a perishable platform that acclimatized us to what was surely beyond what our imagination was accustomed to discern.

Se integra entonces el desafío de la atmósfera al sistema encuadrado de la mente. Así como el invierno se acentúa en el verano, así la turbulencia fue avanzando por el cielo hasta alcanzar la proporción insostenible que agitó los ánimos terrestres. Únicamente entre estas cuatro paredes pudimos rendirnos a la beatitud de un fenómeno impredecible por su dimensión. Únicamente entre estas cuatro paredes pudimos serenarnos cuando abrimos la ventana y el viento entró en nuestros pulmones. Dijimos, esta es la fuerza. Dijimos, todo lo que nos rodea y está alineado es perecedero. La forma inconsecuente de este desactivar de pilas fue lo que nos obligó a acostarnos en nuestra propia mansedumbre, a inclinarnos más bien ante lo que nos antecede y nos prescribe. El aire fresco entraba y afuera era un aullido. ¿Cómo aquietarse en la sonambulez de una atmósfera de efervescencia? Las luces rojas reflejaban la entrega a la que nos obligó la pequeñez. Aunque nos sudaron las manos nos sentíamos seguros entre estas cuatro paredes, un tinglado previsor que nos aclimató a lo que ciertamente estaba mas allá de lo que nuestra imaginación estaba acostumbrada a discernir.

Yes indeed, if there were waves surpassing the dimension of a building, we couldn't even imagine it. On the other hand, if there were winds, we could prove it in our lungs through a window divided into two squares. Sliding up the window sash, eyes shut, nose recovered, it was an attitude, a celebration, it's over, it's over, but we know it keeps happening, all that interweaving oxygenation courses through our body. If there is an arc one aims for, if there is a curvature, if there is an axis of symmetry in this journey marked out by encirclement, if there is a direction, who would feel like directing it? We shall be obtuse, obtuse angles, if we do not surrender to the evidence that tutelage does not exist. There is no father or tutor against that imminent grandiloquence. We will be beds, or seagulls, or rabbits attempting to pacify the tone of the question. However, it was the air that passed judgment on the magnitude of our fuss. Gentle air, gray city night, streets of phantoms. We witness this transgression from the doorway, this manner of dislocating what the body cries out for, a mind, a hand, a fingering that makes everything truthful, everything a caress, everything an orchard.

Sí, si hubo olas que superaron la dimensión de un edificio, no podemos ni siquiera imaginarlo. Si hubo vientos, en cambio, sí pudimos comprobarlo en nuestros pulmones a través de una ventana dividida en dos cuadrados. Al deslizar la hoja, los ojos se cerraron, la nariz se compuso, fue una actitud, fue una celebración, ya pasó, ya pasó, pero sabemos que sigue pasando, que transcurre en nuestro cuerpo toda esta oxigenación entretejida. Si hay un arco al que se apunta, si hay una curvatura, si hay un eje de simetría en ese recorrido que la circunvalación marca, si hay una dirección, ¿quién se anima a dirigirla?. Seremos obtusos, ángulos obtusos si no nos rendimos a la evidencia de que el tutelaje no existe. Padre o tutor no hay contra esta grandilocuencia inminente. Seremos camas, o gaviotas, o liebres intentando apaciguar el tono de pregunta. Sin embargo fue el aire el que dictaminó la envergadura de nuestro aspaviento. Aire blando, noche gris de la ciudad, calles de fantasmas. Presenciamos desde la puerta esta transgresión, esta manera de dislocar lo que el cuerpo pide a gritos, una mente, una mano, una digitación que lo haga todo verdadero, todo caricia, todo vergel.

The act of leaving was stupidity or bravery, or not venturing to untangle what hair had left behind, knots, imperturbable knots, disconsolate neck-curls, hair covering head, scalp, cranial structure. Steps and miseries, hair only responds to the wind, to chance's undue passage. If day by day we intertwine ourselves with doubts, it is because we do not want to understand that the magnitude of everything that arouses us is minimal. A stumble and one's jaw breaks, sobriety takes refuge in idleness and altazor and tremor of heaven nourish everything that concerns us. Unfortunately, nothing can be digested that is not on the level of what our mind allows us to macerate. Thus, ideas pass by, the centrifugation of things calms down and the centripetal force of this itching turns into crumbs when the arch of the foot synthesizes the lack of control of all forward movement, the encirclement of a reddish glow in the middle of the night, the voice of the one who arrives completely unkempt and gets acclimatized to the practice of the bed whose accommodation is enabled by these four walls. And that it be dry. And that one love what is close and breathes and thinks and imagines, as the massive foundation of this understanding.

El acto de salir fue estupidez o valentía, o no animarse a desenredar lo que el pelo había dejado, nudos, nudos impertérritos, desconsolados tirabuzones en la nuca, pelo que recubre la cabeza, el cuero cabelludo, la estructura craneal. Pasos y miserias, el pelo no responde más que al viento, más que al tránsito indebido del azar. Si día a día nos entretejemos con las dudas, será porque no queremos entender que la magnitud de todo lo que nos enfervoriza es mínima. Un tropezón y el maxilar se descompone, la sobriedad se ampara en la desidia, y altazor y temblor del cielo alimentan todo lo que nos compete. Por desgracia nada se puede digerir que no sea a nivel de lo que nuestra mente nos permita macerar. Así, transcurren las ideas, el centrifugar de las cosas se aliviana y la fuerza centrípeta de esta comezón se hace migajas cuando el arco del pie sintetiza el descontrol de todo avance, la circunvalación de un resplandor rojizo en medio de la noche, la voz del que llega todo despeinado y se aclimata al ejercicio de la cama que estas cuatro paredes permiten alojar. Y que esté seca. Y que se ame lo que está cerca y respira y piensa e imagina, como el fundamento masivo de esta comprensión.

NOTES

p. 112-116: Texts inspired on the visit to the 9/11 Memorial in New York, designed by the architects Michael Arad, Daniel Libeskind and Peter Walker.

p. 181-190: Texts written after Hurricane Sandy passed through the city of New York on October 29th, 2012.

p. 189: "Altazor and tremor of heaven" refers to Vicente Huidobro's book *Altazor: Temblor del cielo* published in 1931.

NOTAS

p. 112-116: Textos escritos a partir de la visita al 9/11 Memorial en New York, diseñado por los arquitectos Michael Arad, Daniel Libeskind y Peter Walker.

p. 181-190: Textos escritos a partir del paso del Huracán Sandy por New York el 29 de octubre 2012.

p. 190: "Altazor y temblor del cielo" es una referencia al libro de Vicente Huidobro publicado en 1931 *Altazor:Temblor del cielo*.

ACKNOWLEDGEMENTS

The foreword by Julio Espinosa Guerra, also translated by Christopher Winks, was originally published in the journal of poetry *Nayagua* (Madrid, 2015).

Poems from *Soft Matter* have appeared in the following journals:

Feminist Temporalities, The Organism for Poetic Research, Pelt, v.4. New York, 2017: "I'd like to know the location" / "Quisiera saber dónde queda el lugar","What accelerates the symptom" / "Es también una retracción severa."

The Body in Language. Edwin Torres, editor. Denver, Counterpath Press, 2019: "A body that doesn't" / "Hay un cuerpo", "Like waking up" / "Como despertarse", "I'd like to know the location" / "Quisiera saber dónde queda el lugar", "What accelerates the symptom" / "Es también una retracción severa", "Center of meditation" / "Centro de meditación."

Between the Breath and the Abyss: Poetics on Beauty / Entre el aliento y el precipicio: Poéticas sobre la belleza. Keila Val de la Ville, editor. Madrid, Amargord, 2021: "What began as unanimous meditation" / "Lo que empezara como una meditación."

AGRADECIMIENTOS

El prólogo de Julio Espinosa Guerra, también traducido por Christopher Winks, fue publicado en español en la revista de poesía *Nayagua* (Madrid, 2015).

Poemas de *Soft Matter* han aparecido en las siguientes publicaciones:

Feminist Temporalities, The Organism for Poetic Research, Pelt, v.4. New York, 2017: "I'd like to know the location" / "Quisiera saber dónde queda el lugar","What accelerates the symptom" / "Es también una retracción severa."

The Body in Language. Edwin Torres, editor. Denver, Counterpath Press, 2019: "A body that doesn't" / "Hay un cuerpo", "Like waking up" / "Como despertarse", "I'd like to know the location" / "Quisiera saber dónde queda el lugar", "What accelerates the symptom" / "Es también una retracción severa", "Center of meditation" / "Centro de meditación."

Entre el aliento y el precipicio: Poéticas sobre la belleza / Between the Breath and the Abyss: Poetics on Beauty. Keila Val de la Ville, editor. Madrid, Amargord, 2021: "What began as unanimous meditation" / "Lo que empezara como una meditación."

Your Words Matter

Your Words Matter

Your Words Matter

www.ingramcontent.com/pod-product-compliance
Lightning Source LLC
Chambersburg PA
CBHW051558010526
44118CB00023B/2746